Pam Sits In

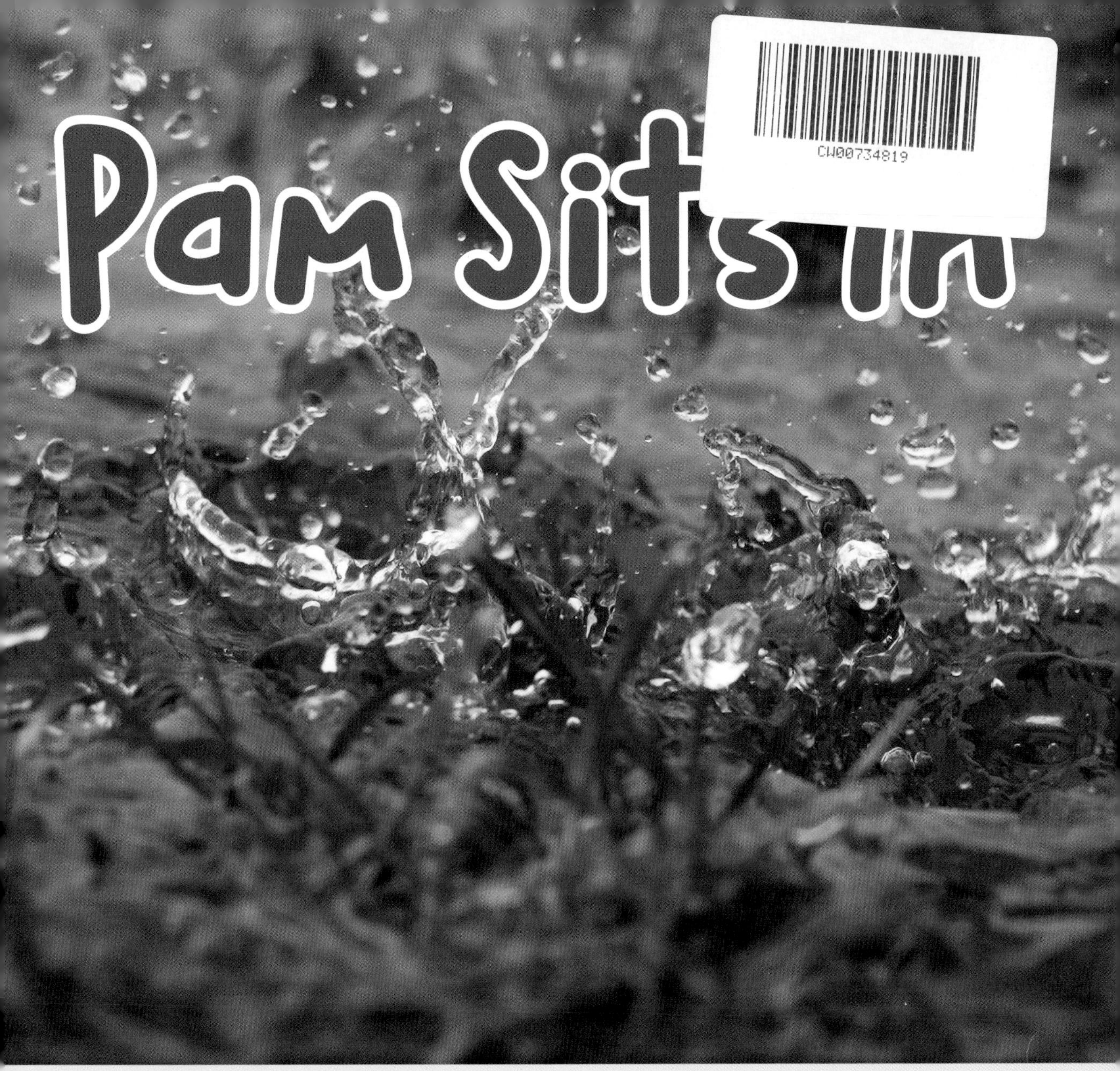

Written by Fiona Kent

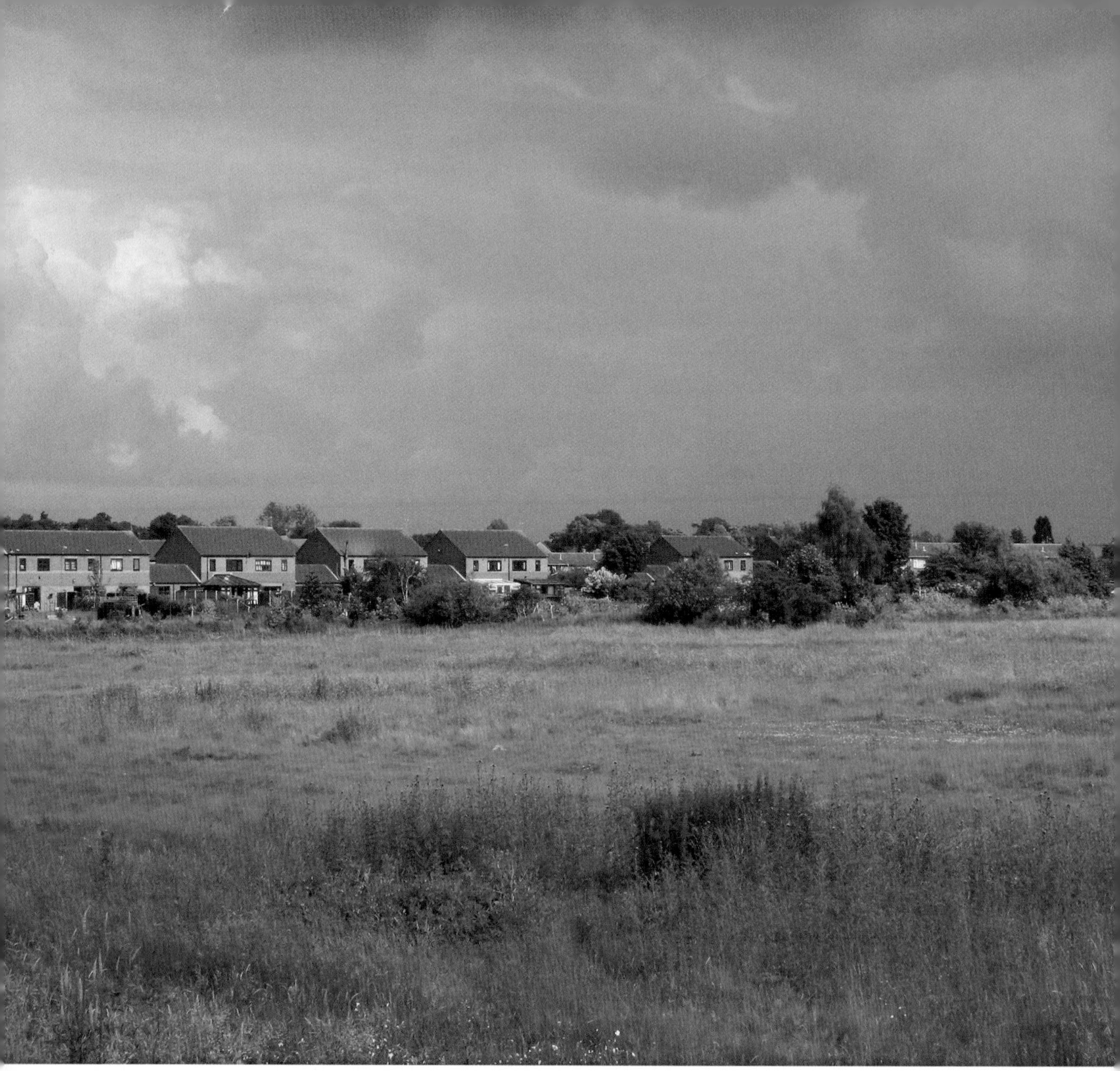

It is dim.

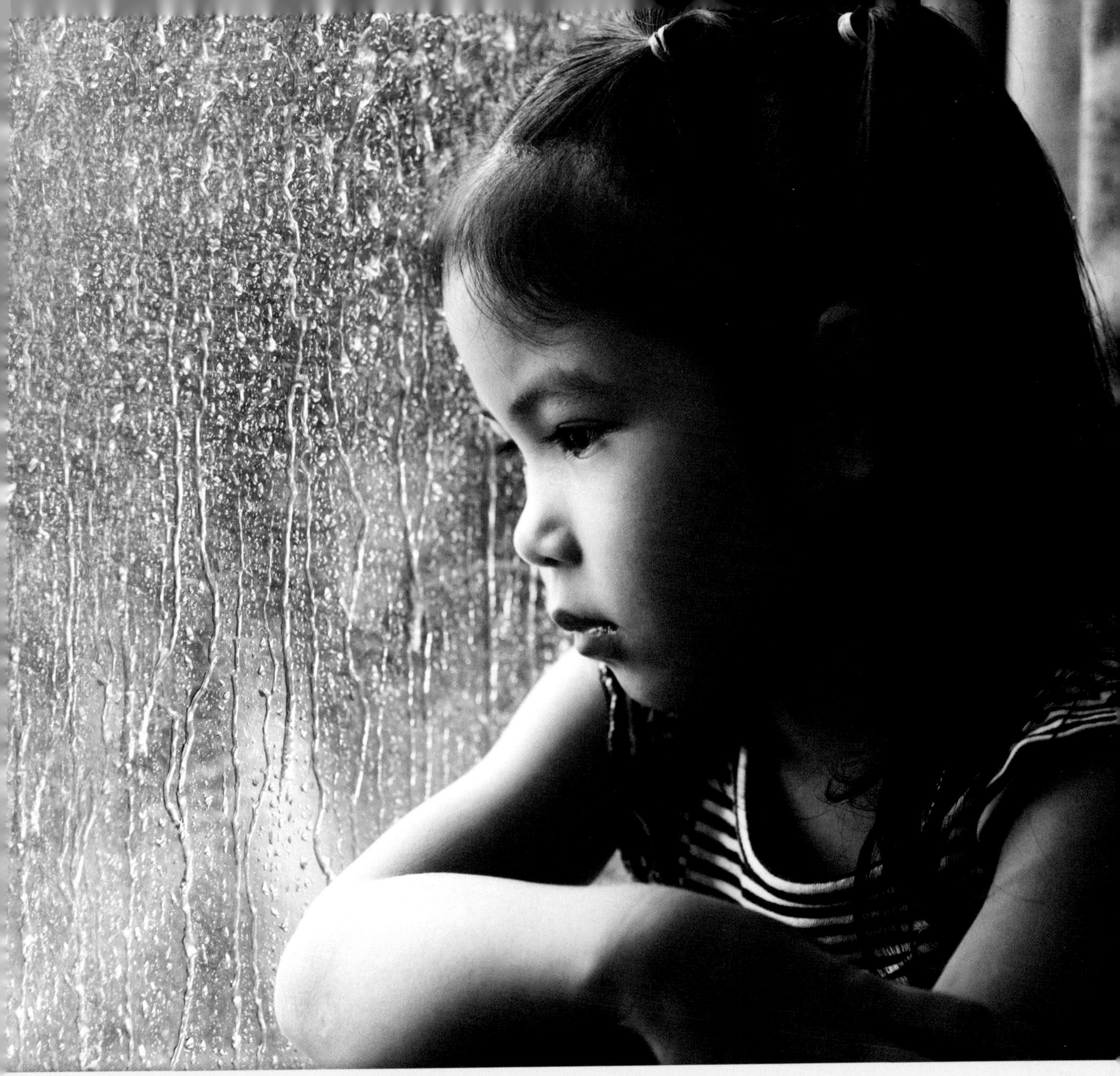

Pam is sad.

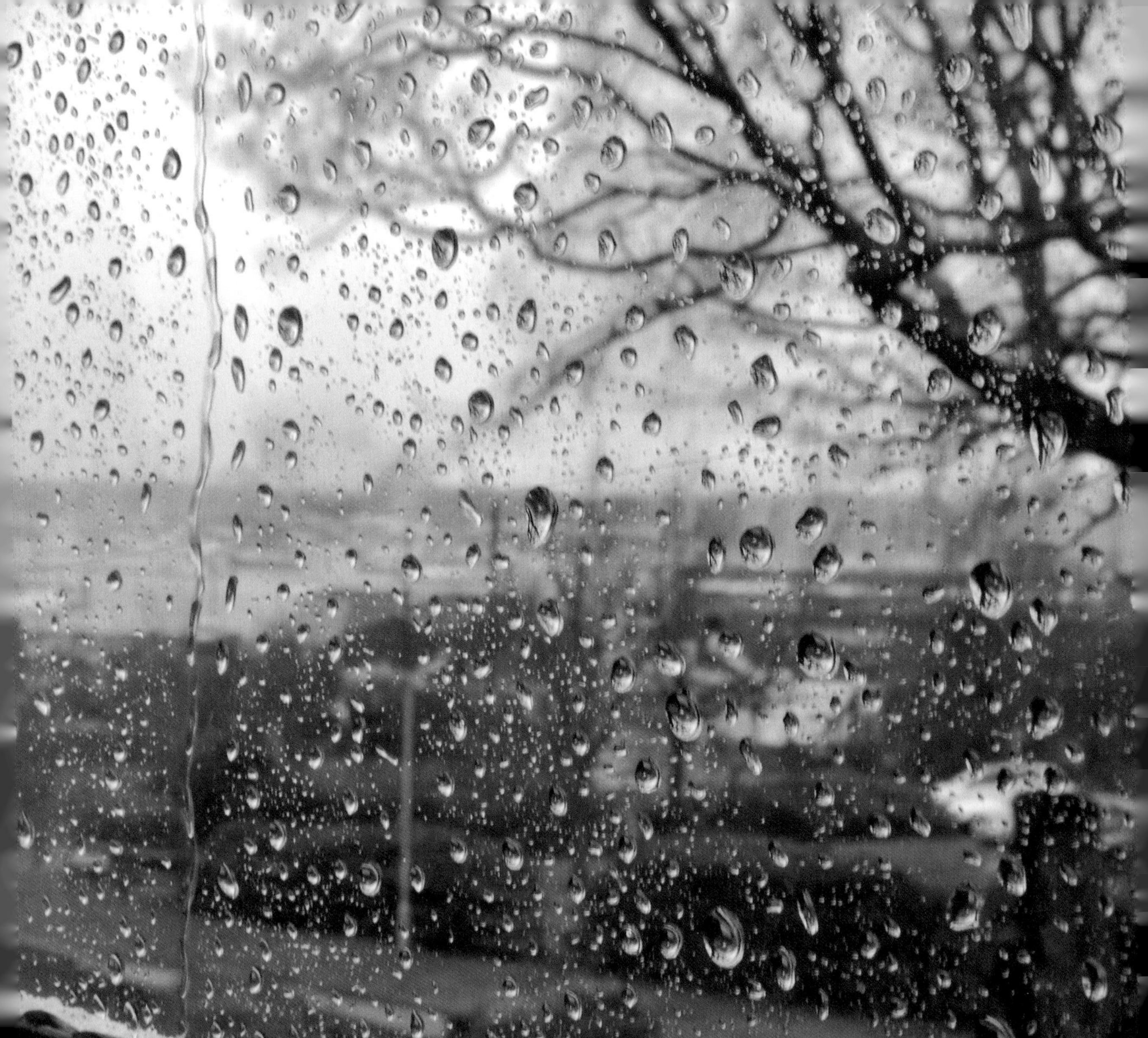

Tip tap. Tip tap.

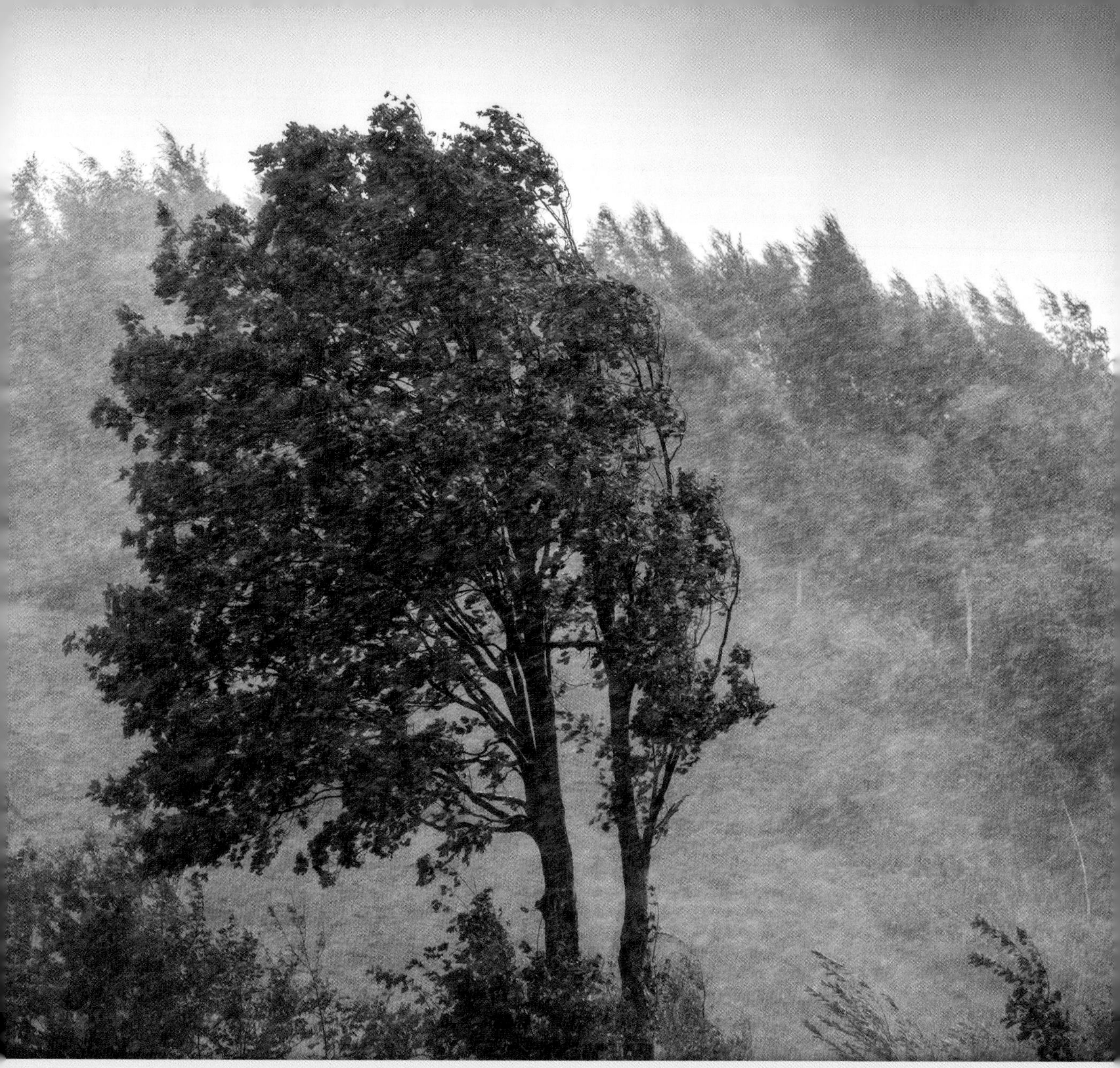

It tips. It dips.

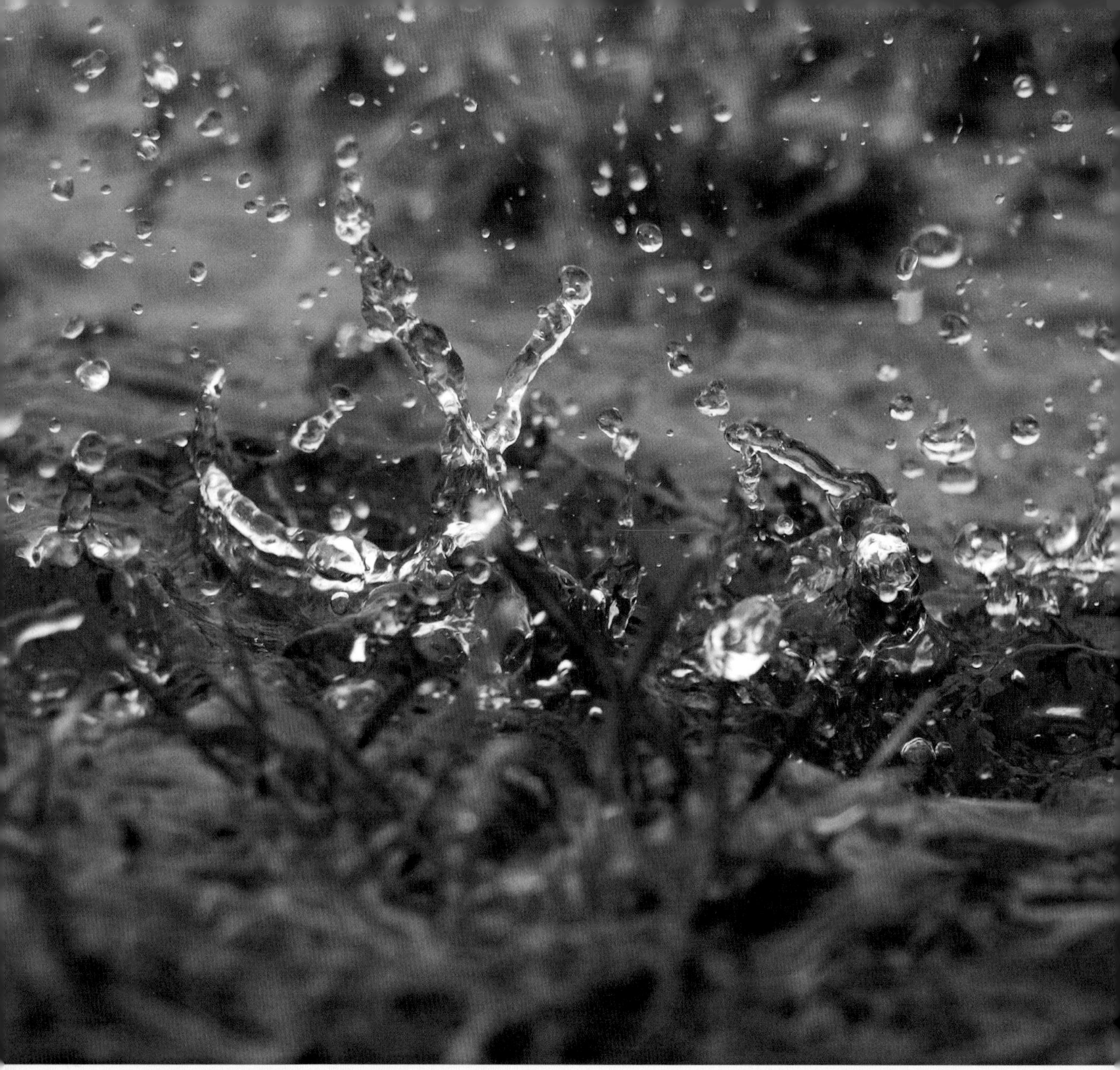

Pit pat. Pit pat.

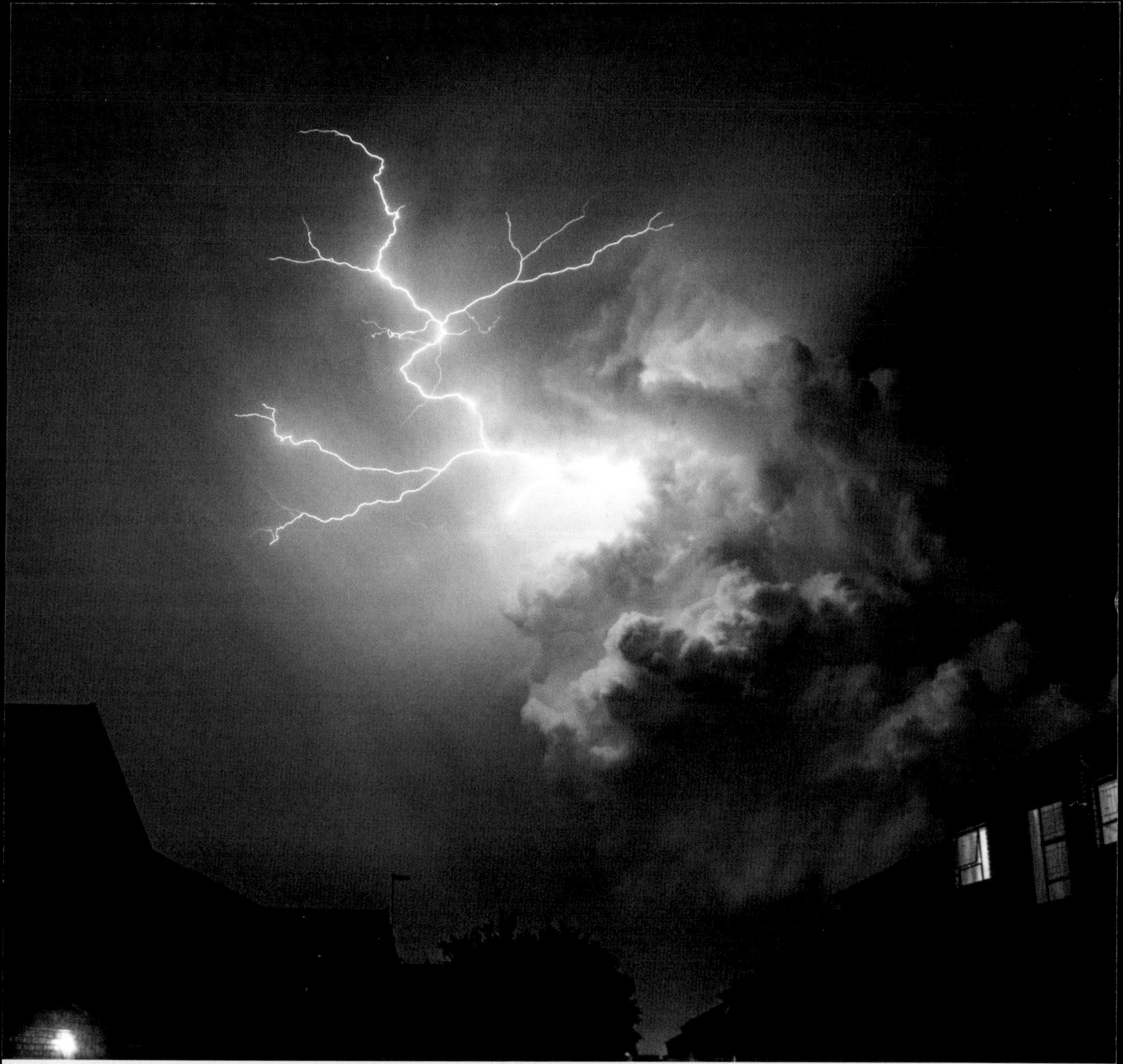

It is a din.

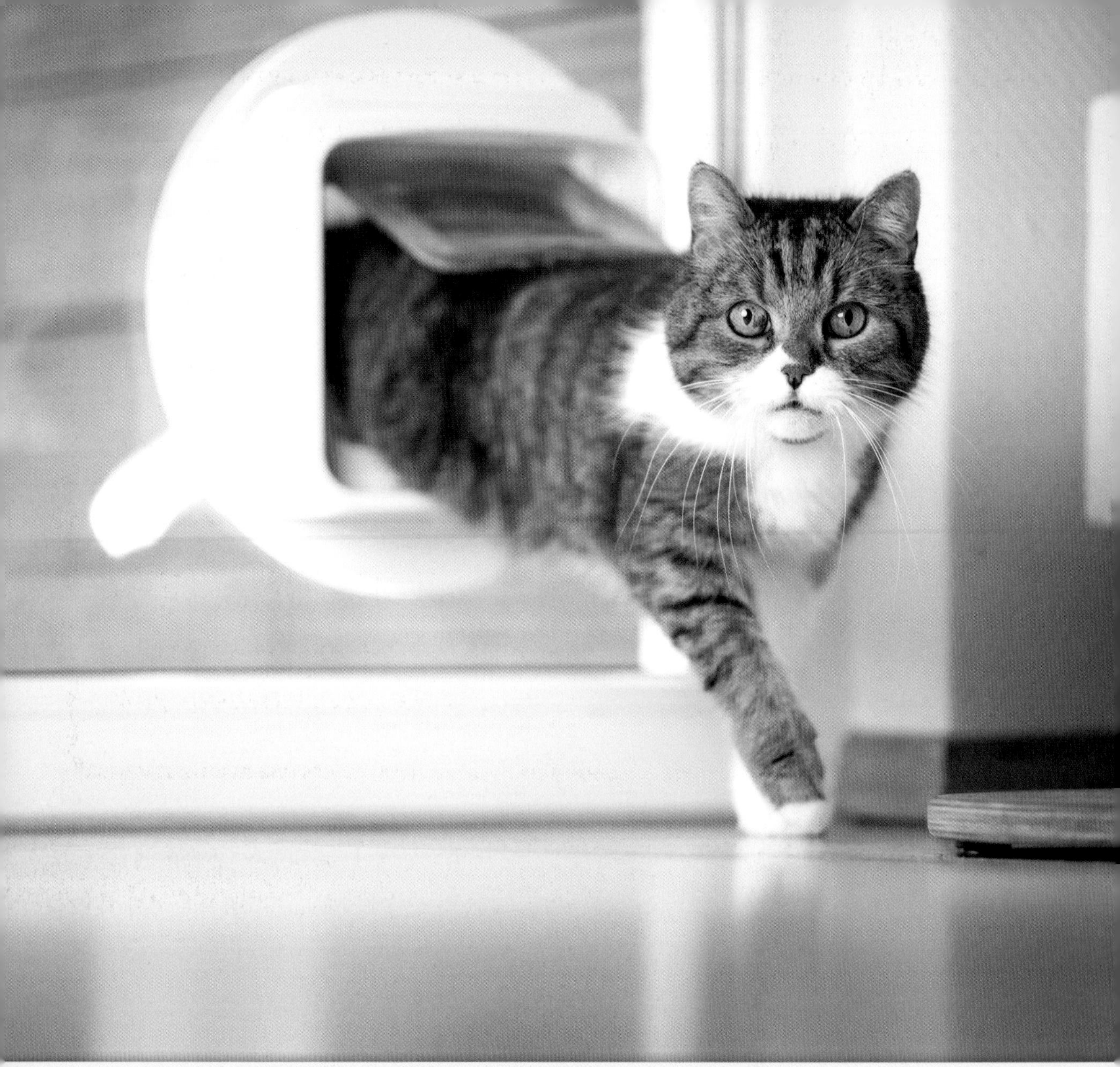

Pip nips in.